ÉPITRE

A

M. VICTOR HUGO.

ÉPITRE

à

M. VICTOR HUGO.

AVEC DES NOTES ROMANTIQUES,

ET UN

COMMENTAIRE RAISONNABLE.

A PARIS,

CHEZ BRÉAUTÉ, LIBRAIRE-ÉDITEUR,

PASSAGE CHOISEUL, N° 62.

1830.

AVANT-PROPOS

QU'IL FAUT LIRE.

L'ÉPÎTRE que nous livrons au public est d'un de nos amis, qu'une mort prématurée vient de nous enlever. On nous permettra de nous arrêter un instant devant la tombe d'un homme qui n'eut qu'un seul défaut, celui de se croire poète.

Jacques-Alexandre BRIVALLÈS naquit à Nîmes, département du Gard, le 25 juillet 1797, de parens aisés, qui apportèrent d'autant plus de soins à son éducation que de huit enfans il fut le seul qui ne mourut pas au berceau. Il étudia d'abord au Lycée de sa ville natale, puis son père ayant approuvé qu'il entrât au barreau, il vint à Paris faire son cours de droit. Il y avait à peine deux ans qu'il avait quitté sa famille lorsqu'il apprit la mort de son père. Cette perte lui laissa une mélancolie que la vie tumultueuse que nous lui verrons bientôt mener ne put dissiper, surtout lorsqu'un mois après ce premier événement, un de ses oncles lui écrivit de se rendre de suite auprès de sa mère, s'il voulait la voir encore une fois; le lendemain de la réception de cette lettre,

M. Brivallès était sur la route de Nîmes; mais il arriva trop tard, sa mère n'était déjà plus.

Sa famille voulut en vain le retenir, il ne pouvait se plaire dans une ville qui lui rappelait tant de pertes; au bout de quelques mois, ayant réalisé sa petite fortune, il revint à Paris possesseur d'un capital de 40,000 francs. Il avait perdu deux inscriptions; quelques retards le mirent bientôt dans la nécessité de recommencer toute une année : Brivallès, dégoûté, aima mieux se contenter du peu qu'il possédait, et rompant avec les écoles, il ne songea plus qu'à dépenser son oisiveté comme il pourrait. Quelque temps ses moyens pécuniaires lui suffirent ; mais bientôt ses liaisons et ses sujets de dépenses multipliant, son capital s'en ressentit tellement que force lui fut de songer à l'avenir.

M. Brivallès était le meilleur des hommes, nous, qui l'avons fréquenté assidûment, n'avons jamais eu, quant à sa franchise, le moindre reproche à lui faire. La nature, en le douant d'un physique agréable, ne l'avait pas aussi bien traité du côté des facultés intellectuelles, et si les exigeances de MM. les libraires n'étaient venues quelquefois à son secours, notre excellent ami se serait peut-être fait un de ces noms, qui, comme tant d'autres, sont répétés trois jours par des énergumènes, et dont l'oubli s'empare ensuite pour ne les prêter qu'au ridicule. L'amour du travail avait été, dès sa jeunesse, sa passion dominante, il n'eut donc aucune peine à s'occuper sérieusement lorsqu'il en sentit le besoin.

Au nombre de ses liaisons, les plus intimes étaient deux de ses compatriotes, jeunes comme lui, et l'un et l'autre travaillant chez le notaire : ils lui proposèrent de les imiter, lui faisant entrevoir une existence paisible pour le présent et un avenir honorable. M. Brivallès, qui avait goûté de la liberté, ne se souciait pas trop d'une vie monotone et sédentaire : il cédait pourtant à leurs raisons lorsqu'un autre de ses amis, s'intitulant homme de lettres, vint le détourner de ses sages résolutions, et préparer sa ruine.

Comme notre intention est de n'offenser qui que ce soit, nous nommerons cet homme de lettres Thimothée.

Thimothée faisait partie de cette population bruyante de la littérature qui, sous toutes les formes, encombre chaque jour la capitale de pensées plus que superficielles, d'opinions renouvelées des rebuts de l'expérience, et qu'elle donne pour des créations. Semblable au Mascarille des Précieuses ridicules, Thimothée ne sortait jamais de chez lui avant d'avoir composé deux ou trois odes, autant de charades et torturé quelques jeux de mots qui allaient aider à noircir les colonnes de telle ou telle feuille, jusqu'aux articles des pommades, chevaux, etc. Ce n'est pourtant pas de cela que nous lui en voulons, il faut de tout dans ce Paris-Babel; nous aurions pardonné à Thimothée jusqu'à son ignorance dans les choses qu'il prétendait savoir le mieux, s'il n'avait mis dans la tête de notre ami qu'il était né poète et appelé à mieux qu'à copier des actes ou dresser des cottes d'inventaires.

Dès cet instant M. Brivallès ne s'appartint plus, Timothée devint pour lui un second soi-même : tantôt il dressait un article de littérature, tantôt une esquisse de pure fantaisie, et notre pauvre et bon ami le dressait et l'écrivait mal, car il n'était pas fort sur la dialectique; arrivait son mentor qui lui faisait observer qu'un article de journal doit être rédigé suivant la mode, quelle qu'elle soit, mais le bourreau n'ajoutait pas : « Avec un pareil style vous ne sauriez faire goû- » ter les meilleures raisons : autre chose est converser, autre chose est écrire. »

M. Brivallès travaillait sans relâche, Timothée faisait imprimer; mais le véritable auteur ne voyait jamais arriver cet honorable salaire que le talent, dit-on, peut retirer de ses œuvres. Il s'en explique; on lui fait mille raisonnemens qu'il veut bien croire: il était si bon. Mais à la fin, lassé de n'avoir que de la peine, il rompt avec Thimothée, se présente dans les vingt bureaux d'esprit, dans tous on le remercie, dans aucun on ne le connaît; il cite les articles qu'on lui doit, le nom de M. Thimothée est le seul que l'on réponde à ses réclamations ! C'était le moment de devenir sage; mais, hélas ! celui qui a pris l'habitude d'écrire ses pensées pour les autres ne peut résister à l'amour-propre de se croire un être important. Les compatriotes de M. Brivallès l'engagent à penser sérieusement; mais celui-ci, devenu tout-à-fait auteur, s'offense de leurs observations. Le voilà seul, presque sans ressources et se croyant sans amis. Dédaigné par ceux qui se parèrent de ses ouvrages, il ne peut les caresser. Plein d'honneur, il ne veut pas s'abaisser à la satire personnelle : il observe, et après avoir quelque temps observé il découvre que l'intrigue et les coteries sont les seuls moyens de réussite à Paris; il s'étudie donc à voiler sa pensée, il cherche à s'insinuer; en un mot il devient flatteur ! Il n'est point de directeur de théâtre à Paris qui ne jure ses grands dieux que le mérite seul a de l'influence sur son comité : M. Brivallès, cependant, trouve moyen de pénétrer dans une coulisse; il est jeune, bien fait, a soin de sa toilette et possède le jargon du jour; il courtise l'actrice en réputation, justement la maîtresse du directeur, et après mille antécédens inutiles à conter, il s'assure de la protection de la divinité pour un vaudeville qu'il a, dit-il, en portefeuille; il n'en était rien; mais on permettra ce léger mensonge à la position de notre ami.

En une nuit il fait une vingtaine de scènes, broche quelque couplets, et huit jours après son vaudeville est joué et applaudi. M. Brivallès, au comble de la joie, offre un magnifique déjeuner aux principaux acteurs et actrices du théâtre, et le premier rappelant des vivacités oubliées, supplie ses deux compatriotes de venir y prendre leur part. Le vin, les complimens le font jaser : le bonhomme, dans sa franchise, voyait des amis dans tous ses conviés ; deux jours après sa pièce est sifflée, on ne la laisse même pas achever, et sa part dans les recettes précédentes est absorbée par le malencontreux déjeuner. Il court chez la première actrice : personne. Pour tout de bon dégoûté de la vie, il veut s'en débarrasser : il s'enferme chez lui, les pistolets sont déjà sur la table ; il s'assure encore s'ils sont bien en état, le tube fatal est dans sa bouche...... « Malheureux ! s'écrie-t-il en retirant » l'arme, que vais-je faire ? est-ce le premier revers » que j'aie essuyé ? j'ai perdu mon père, j'ai perdu » ma mère..... et je ne me suis pas détruit, et pour une » intrigue grossière, je....... non ! non ! je vivrai, je » vous poursuivrai, vous qui n'avez pas rougi, d'at- » taquer en secret celui dont le mérite vous blesse ! » Tel fut le premier symptôme de cette *idée fixe* qui influa sur le reste des jours du meilleur et du plus simple de tous les hommes.

Pour mieux arriver à son but, il songe à

prendre une route qu'abandonnent ses jeunes contemporains. Il lit et relit nos grands maîtres et débute par une tragédie. N'est-ce pas Racine, Corneille ou Voltaire qui le veut : soyons sincères; cet essai, que nous avons sous les yeux, était du plus faible médiocre ; aussi ne se trouva-t-il personne qui engageât l'auteur à la livrer aux comédiens. M. Brivallès ne se laisse point abattre ; il entreprend une comédie et choisit sa propre aventure pour sujet : mais quelle différence entre une scène de comédie et un vaudeville tout entier ! Notre ami se doute alors des difficultés de l'art dramatique : un Béranger lui tombe sous la main ; il connaissait déjà cet auteur, mais il ne l'avait lu que superficiellement. Aujourd'hui il approfondit le grand poète; sa tête fermente, et certain de n'être pas gêné par la strophe, il répand sur le papier cinq couplets adressés à son modèle et s'enivre d'enthousiasme. Le lendemain il vole chez ses deux amis : « Prenez et lisez, » leur dit-il, rayonnant d'espérance. Les censeurs furent sévères peut-être, mais nous pourrions encore prouver qu'ils ne furent que justes. Terrassé par cet échec, Brivallès rentre chez lui ; la fièvre le saisit, sa tête s'égare, et dans son délire, le malheureux poète rêvait qu'il égalait cette fameuse ode d'Octavie, chef-d'œuvre de vigueur des littératures anciennes et modernes.

Cette maladie, qui dura quelques semaines, épargna le malheureux Brivallès ; mais un dernier incident montant à un trop haut point ses facultés émoussées déjà, le mit enfin au tombeau.

Un des jeunes Nîmois voyant que tous les raisonnemens du monde ne pouvaient le guérir de sa manie de versification, ni le tirer de son marasme, s'avisa d'un moyen qui réussit quelquefois; celui de le distraire. Ce jeune homme était recommandé à Paris dans une famille riche qui recevait excellente compagnie. Il y présente son ami et le fait agréer. M. Brivallès était comme tout autre homme dès qu'il ne s'agissait plus de littérature : mais pour son malheur, il lia connaissance avec un personnage beau parleur et tranchant sur tout, auquel il eut bientôt conté ses disgrâces littéraires et récité les morceaux choisis de ses œuvres poétiques : « Comment, Monsieur,
» vous qui paraissez avoir beaucoup de talens, vous
» efforcez-vous de rester en arrière ? « lui dit son auditeur avec l'accent de la persuasion. « Les mo-
» dèles que vous avez choisis ne conviennent plus à
» l'époque. Exceptons-en Béranger pourtant; je sais
» par cœur toutes ses chansons de circonstance.
» Faites-moi l'honneur d'assister à une petite réunion
» qui aura lieu chez moi demain. C'est une façon
» d'académie qui s'assemble tous les huit jours et où
» l'on ne bâille pas : venez, je vous présenterai à
» nos meilleurs romantiques, qui donneront à vos
» dispositions tous les soins qu'elles méritent. »

M. Brivallès, excité par la curiosité, n'eut garde de manquer au rendez-vous. Le cercle était déjà formé quand il fut introduit, et l'on écoutait attentivement une ode sur les cimetières. M. Brivallès, assis à l'écart ne savait ce qu'il entendait : l'auteur se tait et les derniers accens de sa voix chevrotante et affectée sont couverts par des applaudissemens. « Bravo ! » bravo ! » s'écrie l'amphytrion ; puis se tournant vers notre ami qui applaudissait par politesse : « Eh » bien ! Monsieur, que pensez-vous de la nouvelle » école ? Messieurs, j'ai l'honneur de vous présenter » M. Brivallès, un nouveau confrère, qui, las des dis- » grâces classiques, vient auprès de vous chercher » facilité, liberté et complaisance. » L'académie en corps entoure le candidat, qui eût bien volontiers quitté la place, mais qui, forcé de céder à de nombreuses et pressantes instances, se prépare pourtant à répéter les passages de sa tragédie les plus propres à produire de l'effet. A chaque pose les applaudissemens de rigueur lui faisaient oublier les physionomies froides de l'auditoire pendant son débit. D'autres génies se firent entendre à leur tour ; un d'entre eux, d'une voix savante et mélodieuse, sut tellement adoucir la prose qu'il avait rimée sur une jouissance, que M. Brivallès séduit, par la diction, l'applaudit franchement et commença à croire que le mauvais du genre pouvait venir du lecteur. Le reste de la séance fut employé en discussions; l'un voulait que l'on s'occupât sérieusement d'un dictionnaire de la langue romance; l'autre que l'on se contentât de rechercher les dictons du peuple et de les réanoblir dans un poëme épique, moitié prose, moitié vers libres; un troisième s'offrait pour mettre l'Histoire universelle en *ballades*. M. Brivallès, malgré toutes les études qu'il avait faites, n'avait pas, comme nous l'avons déjà fait remarquer, une tête bien solide; il prit ces folies pour des vues profondes, et étourdi par le jargon métaphysique des plus considérables de la coterie, charmé surtout d'apprendre que l'imagination pouvait suffire sans les règles, il devint le plus imperturbable romantique. Depuis long-temps ces messieurs ne comptaient que fort peu de défenseurs quotidiens à tant la colonne : notre excellent ami fut élu d'une commune voix pour remplir cette charge, et l'on peut voir encore dans certaines feuilles de l'époque, les galimathias doubles du moderne Ronsard; ses articles alors lui furent bien payés. Sur ces entrefaites, M. V. Hugo fit représenter son *Hernani*. La tête en partit à notre ami comme à ses confrères. Le pauvre homme crut d'abord qu'avec du bruit, du tumulte à la représentation, on ferait goûter l'œuvre du Maëstro : bientôt désabusé, il se vengea en écrivant l'épître que l'on va lire, et y ajouta des notes qui devaient ramener les plus incrédules. Mais tant d'agitations, tant d'enthousiasme firent déclarer chez lui une fièvre chaude; il en essuya le premier accès en composant son adresse aux romantiques, qui est restée imparfaite; enfin il rendit le dernier soupir le 26 mars 1830, dans sa trente-troisième année. Comme il pensait nous avoir quelques obligations, il nous légua ses manuscrits. Un instant nous ne songeâmes à les garder que comme souvenirs d'un homme qui toute sa vie fut victime des opinions littéraires et de sa faiblesse; mais en y regardant de plus près, nous y trouvâmes deux pièces dont l'une est cette épître, et l'autre l'épitaphe qu'il s'était composé lors de sa résolution de se détruire, et nous pensâmes à nous servir de l'épître comme d'une occasion pour dire notre avis en respectant la mémoire de l'auteur, et de l'épitaphe pour faire connaître au public le meilleur ouvrage de notre ami. La voici telle qu'il l'a composée et que nous l'avons fait graver sur sa tombe :

J'ai vécu malheureux, malheureux je suis mort
    Sans me plaindre du sort.
Passant, ne cherche pas qui ci-dessous repose :
Que t'importe mon nom ? Je n'ai fait mal, ni bien ;
Demain, ce soir peut-être, on oubliera le tien !
    L'homme est si peu de chose.

Nota. Comme notre ami s'est servi dans cette épitre, surtout quand il parle lui-même, de la versification romantique, nous avons cru être utiles aux gens qui tiennent encore à l'harmonie de préciser la place des hémistiche par un signe apparent (|).

ÉPITRE

A

M. VICTOR HUGO.

Hémistiches.

Quelle chaleur et quel | le verve, cher Hugo !
Tu me transporte, pa | role d'honneur; mais ô (1) !
Surtout où donc aigui | sant, trempant ton génie,
Vas-tu puiser les flots. | de ta mâle harmonie ?

(1) Avoir été colosse et tout dépassé ! quoi !
   Vivans, etc.   (*Hernani*, acte 4, scène 2.)

Je tâcherai toujours de justifier les licences que l'on croirait que j'ai prises. Il faut être libéral en poésie, et si l'on refuse la liberté, plus de génie.
                                   (*Note de l'Auteur.*)

On n'a qu'à lire le discours de Charles-Quint, et tâcher de le comprendre, on sentira quelle foule de beautés neuves il recèle.   (*C.*)

Le sais-tu? Tu ne sais?] Ah! si tu le savais (1)!
Tu n'en sais rien. Ni moi | non plus. Je m'en doutais.
Semblable à ces éclairs, | qui dans la nuit obscure,
Dorent des noirs cyprès | l'éloquente parure,
Ou bien à ces tombeaux, | où la main des vivans
Inscrit sans s'en douter | la pâture du temps.
Ta muse impétueuse, | et sans frein et sans règle,
Tombe, s'élève, tombe, | et fière ainsi que l'aigle
Qui sur des monts aigus, | rocailleux et sanglans,
Sourit en déchirant | des lambeaux palpitans (2).
Elle voit en pitié | l'antique classicisme,
Écrasé sous le poids | de ton libéralisme (3)!

(1) A propos d'empire, il dit :
> Quelque chose me dit : « Tu l'auras. » Je l'aurai !
> Si je l'avais!.... etc. (*Acte* 4, *scène* 2.)
> (*Note de l'Auteur.*)

(2) On ne trouvera pas mon aigle qui sourit trop hardie ou hardi si l'on se rappelle qu'à propos de chandelles aux fenêtres, M. Hugo dit
> Dirait-on pas des yeux | jaloux qui nous observent;
> Enfin en voilà deux | (fenêtres) qui s'éteignent!... (*A.* 2, sc. 1.
> (*Note de l'Auteur.*)

Cela rappelle :
> Les poissons ébahis les regardent passer.
> (Coras.) (*C.*)

(3) Dans sa préface d'Hernani, M. Hugo a fourni des armes contr lui; il est toujours maladroit d'associer des idées politiques à d'autre idées, qui ne sont au fait que des mots : Qu'est-ce qu'un ultrà ou u libéral en littérature? (*C.*)

on sublime Hernani, | quand tu relus, tu dus (1)
e préparer sans nul | le peur aux durs refus,
ux froids sifflets, aux cris | de cette foule austère,
ui n'a pas lu Corneille, | encore moins Molière.
omme tu le dis, fort | bien, ces deux grands auteurs (2),
ont tes modèles, et | tes seuls inspirateurs!
aisse-moi te conter. | L'autre jour au parterre,
n ultra, mon voisin, | grand ami de Voltaire,
anatique ignorant | de tous les vieux abus,
isait hochant la tête : | « Au diable le Phébus! »
uis s'adressant à moi : | Pardon! je vous en prie,
» Cette pièce sans doute est une parodie :

(1) Ce : quand tu relus tu dus, ne peut être regardé comme une cacophonie, que si on donne le même nom à ce vers de M. Hugo :

Fusses-tu Hernani, fusses-tu cent fois pire. (*Act.* 3, *sc.* 4.)

Et à mille autres. Ce qui serait un défaut chez les classiques, on doit le regarder chez nous comme une beauté; nous sommes tout délire, passions, etc.; puis quand il s'agit d'innover dans un art, il faut bien s'appuyer sur des bases qui auraient été ignorées ou dédaignées par les dévanciers.

(*Note de l'Auteur.*)

(2) M. Hugo est élève, dit-il, de Corneillle et Molière. (Voir la préface.) (*C.*)

Il manque ici un *car*, mais je n'ai pas pu le faire entrer dans ce vers : le lecteur peut y suppléer. J'ai pour excuse :

Car son œil (du berger) reluit comme...
Le tien. Tu peux *le voir* et dire : « *Ce* jeune homme ! »
(*Act.* 3, *sc.* 1.) (*Note de l'auteur.*)

» Quel est l'auteur qu'on raille ? Il doit être piqué,
» Il est donc bien mauvais ! — M. vous vous trompez ; »
Répliquai-je jettant | sur le veillard stupide (1)
Un regard de colère | et de dédain humide :
« — Le drame devant vous, | à vos yeux présenté,
» Est de Victor Hugo, | le poète accrédité (2) :
» C'est une créati | on nouvelle. — Sans doute (3).

(1) Hernani ne nous avait pas semblé un homme bien élevé. Cette expression de notre ami nous rappelle ce trait que nous avions oublié :

« Vieillard stupide ! Il l'aime !   (*C.*)   (*Act.* 3, *sc.* 8.)

(2) Depuis long-temps nous sentions le besoin de monosyllabes, le mot *poëte* est heureusement venu à notre secours ; il est encore dissylabe, mais on ne peut tout faire d'un seul coup ; bientôt, si les romantiques mes confrères me secondent, on se débarrassera du gênant *e* muet, et nous écrirons poëte poît, comme pois-chiche, et poids pesanteur et poix résine ; Régnier l'a fait toujours, excepté une fois, de deux syllabes, et Régnier vaut la peine d'être cru.

(Note de l'Auteur.)

Il est un heureux choix de mots harmonieux ;
Fuyez des mauvais sons le concours odieux.
Le vers le mieux rempli, la plus noble pensée,
Ne peut plaire à l'esprit quand l'oreille est blessée. (*Boileau.*)(*C.*)

(3) Une bonne fois il faut que je prévienne les reproches que l'on pourrait faire à ma versification. Je n'observe pas toujours l'hémistiche, pourquoi ? parce qu'elle me gêne, parce qu'elle est monotone, parce qu'enfin un homme libre ne doit pas, comme un courtisan de la vieille cour, mesurer sa démarche et son langage : ses passions doivent s'exprimer rondement. La rime est déjà trop : il est facile de voir

» — C'est son essai. — Depuis une heure je l'écoute
» Sans pouvoir le comprendre : où veut-il en venir ?
»—Qu'est-ce que ça vous fait ? | Laissez-moi applaudir (1) ! »

qu'en plus d'un endroit elle m'a beaucoup embarrassé. Que n'écrivez-vous en prose ? me diront certaines gens. Je leur répondrai : Non, je ne prétends pas devenir un Boileau, Racine et compagnie ; nouveau temps nouvelles mœurs, nouvelle littérature ; c'est clair. Les vers allaient bien à la cour musquée de Louis XIV, à celle de Louis XV ; mais aujourd'hui c'est de la prose qu'il nous faut. Si nous autres *libéraux en littérature*, comme dit M. Hugo, nous prenons la peine de tourner le vers, c'est par patriotisme, c'est pour en faire sentir le ridicule, et peu à peu le rapprocher de la nature. Le père Adam ne rimait pas. En fait de mécanisme principal, nous commençons par l'hémistiche, la rime suivra, et quand nous aurons terminé avec les formes poétiques, nous ferons de la prose, sauf à la rectifier, car il n'y aurait pas mal encore à dire sur ce chapitre. On peut voir dans Hernani que l'hémistiche n'est pas plus respectée que chez moi.

(Note de l'Auteur.)

Notre pauvre ami aurait-il eu le mot de l'énigme que M. Victor Hugo propose dans la dernière page de sa préface d'Hernani ; serions-nous menacés de quelque poëme où l'on nous prouvât que les vers peuvent être illisibles ? Attendons, tenons-nous sur nos gardes pourtant ; car avec ces messieurs :

Le vrai peut *fort souvent* n'être pas vraisemblable. (*C.*)

(1) On croirait à cette réponse que notre ami assistait à la représentation comme assureur dramatique, il n'en est rien pourtant. Lorsqu'il nous lut son épître, nous l'arrêtâmes à ce vers, et lui fîmes part du doute qu'il pourrait faire naître ; mais ce fut temps perdu, il nous répondit que c'était un vers de sentiment ; qu'en effet il avait répondu cela, et le répondrait encore si l'on voulait, attendu que lorsque l'âme est

Pourtant sans cesse mon | vieillard à mon oreille,
Toussait, grondait, riait, | dormait, bâillait, ô vieille (1)
Tête! je m'écriai... | tout bas, mais le rideau
Une fois baissera.... | Alors nous verrons beau
Jeu! le rideau baisse, il | est baissé. L'auditoire
Se réveille, mais moi | qui ai bonne mémoire,
J'arrête mon vieillard, | qui froissant son voisin,
J'à cherchait de la porte | à prendre le chemin.
Je l'étreins par le bras... | « Pardon, Monsieur, de grâce (2),
» Depuis le premier vers | vous faites la grimace :
» J'aime tout comme un autre | à m'instruire, surtout
» Alors que je me trouve avec des gens de goût.

électrisée (ce qui arrive souvent aux romantiques), elle s'inquiétait
peu de suivre la filiation des sensations ou de leurs causes ; attendu,
enfin, mille raisonnemens que nous n'avons pas bien compris, et qu'il
ne comprenait sans doute pas bien lui-même. Mais les bravos que
nous avons ensuite entendus aux Français, nous ont prouvé qu'il pouvait être de bonne foi. (*C*).

(1) Moi qui te parle ici, je suis coupable, et n'ai
  Rien à dire, sinon etc.   (*Act.* 1, *sc.* 1.)
 Suis-je chez Dona Sol, fiancée au vieux duc
De Pastrana, son oncle, un bon seigneur caduc? etc.
          (*Acte* 1, *scène* 1.)
    Et tout enfant, je fis
Le serment de venger mon père sur son fils. (*Ibid*, *sc.* 1.)
      Moi je suis pauvre et n'eus
Tout enfant... etc.   (*Ibid, ibid.*)
         (*Note de l'Auteur.*)

(2) Savez-vous quelle main vous étreint à cette heure ?
 (*Act.* 2, *sc.* 3.)   (*Note de l'Auteur.*)

» Donc quoi vous choque | en la présente pièce ?
» — Moi, Monsieur, rien du tout. » | Il dit et se rempresse
De gagner les dehors. | Je l'étreins de nouveau,
Et mettant poliment | la main à mon chapeau,
Et prenant un langage | à sa faible portée ;
Je lui dis posément : | « Ma jeunesse emportée
» Peut porter aisément | un méchant jugement (1);
» Et puis l'illusion..... | peut-être l'engouement;
» Redressez-moi, Monsieur, | c'est me rendre service :
» Je le sens, d'Hernani | je serais le complice. (2)

(1) Je n'ai pas le mérite de l'invention.
> Or, ce soir voulant mettre à fin mon entreprise,
> Pris, je pense pour vous... etc.   (*Act.* 1, *sc.* 2.)
>   (*Note de l'Auteur.*)

(2) Lorsque j'écrivis cette épître j'étais maîtrisé par des sensations trop vives pour m'arrêter à des détails; mais comme l'on exige absolument que M. Victor Hugo reçoive un témoignage public de mon admiration, il me permettra de m'étendre un peu sur le caractère de son Hernani ; comme c'est le rôle qui porte la plus profonde empreinte de son talent, on pourra juger facilement des autres par celui-ci.

Des hommes froids prétendent que le langage d'Hernani sent la fièvre : tant mieux !!! Le théâtre vit de passions, et les passions ne sont pas un état naturel ; mais que peut-on reprocher à cette exposition de son caractère :

>   Mon père,
> Est mort sur l'échafaud, condamné par le sien.
> Or, quoiqu'on ait vieilli depuis ce fait ancien,
> Pour l'ombre du feu roi, pour son fils, pour sa veuve,
> Pour tous les siens, ma haine est encore toute neuve !
>   (*Act.* 1, *sc.* 2.)

Que l'on attaque l'expression de *haine toute neuve ;* que l'on dise

» Son costume est si vrai ; | si simple est son discours !

que la condamnation injuste d'un père ne peut pas seulement êtr
pour un fils *un fait ançien*, mais un *attentat;* que l'on ajoute mêm
qu'une haine neuve pour une ombre n'a pas toute la justesse possible
c'est chicaner sur des mots ; que les classiques pèsent les mots s'ils
veulent, pour nous nous ne soignons que la langue universelle, celle
du cœur.

>   Quoi ! vous portez la main sur cette noble fille !
>   C'était d'un imprudent, seigneur roi, de Castille,
>   Et d'un lâche...   (*Act.* 2, *sc.* 3.)

Quelle noblesse ! On observera que le *Seigneur Roi* ne ressemble
nullement au *Seigneur* de l'ancienne école. Il est caractérisé : Seigneur ;
quoi ? Roi ; de quoi ? de Castille, qui rime admirablement à *fille.*
Quelle générosité !

> LE ROI.
>
> Arrière, assassinez.
>
> HERNANI.
>
> Va-t-en donc !   (*Act.* 2, *sc.* 3.)

Cet *arrière assassinez*, est pittoresque ; *va-t-en donc*, est de la
nature la plus vive et la plus grande.

Jamais son caractère ne se dément :

>   Oui, j'ai voulu te prendre et t'enlever ta femme ;
>   Oui, j'ai voulu souiller ton lit ; oui, c'est infâme !
>   J'ai du sang ; tu feras très-bien de le verser,
>   D'essuyer ton épée, et de n'y plus penser.   (*Act.* 3, *sc.* 6.)
>   Écoutez : Votre père a fait mourir le mien,
>   Je vous hais. Vous avez pris et mon titre et mon bien,
>   Je vous hais. Nous aimons tous deux la même femme,
>   Je vous hais, je vous hais ; oui je te hais dans l'âme.
>   (*Act.* 2, *sc.* 3.)

» Dona Sol est si belle ; | et puis sa voix toujours

>Vous viendrez commander ma bande, comme on dit?
>Car, vous ne savez pas, moi, je suis un bandit! (*Act.* 1, *sc.* 2.)

>Ça, mon hôte est un fou!
>
>HERNANI.
>
>Votre hôte est un bandit.
>(*Act.* 3, *sc.* 4.)

Quelle simplicité dans l'élocution :

>Oui, de ta suite, ô roi! de ta suite!... J'en suis.
>Nuit et jour, en effet, pas à pas, je te suis!
>Un poignard à la main, l'œil fixé sur ta trace,
>Je vais! ma race en moi poursuit en toi ta race!
>Et puis, te voilà donc mon rival! Un instant,
>Entre aimer et haïr je suis resté flottant,
>Mon cœur pour elle et toi n'était pas assez large,
>J'oubliais en l'aimant la haine qui me charge ;
>Mais puisque tu le veux, puisque c'est toi qui viens
>Me faire souvenir, c'est bon, je me souviens! (*Act.* 1, *sc.* 4.)

>Ce soir pourtant, toute haine avait fui!
>Tout ce que je cherchais, c'est elle... Ah Dieu! c'est lui!
>Don Carlos, te voilà pris à ton propre piége,
>Ni suite ni secours : je te tiens et t'assiége! (*Act.* 1, *sc.* 4.)

>Elle m'a pardonné!
>Et m'aime! qui pourra faire que moi-même,
>Après ce que j'ai dit, je me pardonne et m'aime?...
>Oh! Je voudrais savoir, ange au ciel réservé,
>Où vous avez marché, pour baiser le pavé! (*Act.* 3, *sc.* 5.)

>(*Au roi.*) Je prétends qu'on me compte!
>Puisqu'il s'agit de hache ici ; puisqu'Hernani,
>Pâtre obscur, passerait sous tes pieds impuni,
>Puisque son front n'est plus au niveau de ton glaive,
>Puisqu'il faut être grand pour mourir. — Je me lève!

» Est si mélodieuse ! | Ah ! comme elle dit : J'aime ! »

Dieu qui donne le sceptre et qui te le donna,
M'a fait duc de Ségorbe et duc de Cardonna,
Marquis de Monroy, comte Albatera, vicomte
De Gor, seigneur de lieux dont j'ignore le compte ;
Je suis Jean d'Arragon, grand-maître d'avis, né
Dans l'exil, fils proscrit d'un père assassiné
Par sentence du tien, roi Carlos de Castille.
Le meurtre est entre nous affaire de famille.
Vous avez l'échafaud, nous avons le poignard.
Donc le ciel m'a fait duc, et l'exil montagnard.
Mais puisque j'ai sans fruit aiguisé mon épée,
Sur les monts, et dans l'eau des torrens retrempée,
Couvrons-nous, grand d'Espagne. Oui, nos têtes, ô roi !
Ont le droit de tomber couvertes devant toi !
Silva, Haro, Lara, gens de titre et de race,
Place à Jean d'Arragon ! ducs et comtes, ma place !
Je suis Jean d'Arragon, roi, bourreaux et valets !
Et si vos échafauds sont petits, changez-les !

LE ROI.

... En effet, j'avais oublié cette histoire.   (*Act.* 4, *sc.* 6.)

Tu dis vrai. Le bonheur, amie, est chose grave ;
Il veut des cœurs de bronze et lentement s'y grave.
Le plaisir l'effarouche en lui jettant des fleurs ;
Son sourire est moins près du rire que des pleurs !   (*A.* 5, *sc.* 3.)

La vengeance est boîteuse, elle vient à pas lents,
Mais elle vient.   (*Act.* 2, *sc.* 3.)

La vengeance au pied sûr fait moins de bruit en route.
                                             (*Act.* 3, *sc.* 8.)

Enfin quelle résignation !

... Ah ! j'ai dû le taire !

» Charles-Quint, des grands rois (1) | me semble être l'em-
[blême (2).

J'ai promis de mourir au duc qui me sauva....
. . . . . J'ai juré....
. . . Laissez-moi Dona Sol, il le faut....
Le duc a ma parole et mon père est là haut...
. . . . . . Hélas ! je t'en conjure, !
Veux-tu me voir faussaire, et félon, et parjure?...
. . . . . . Par pitié, ce poison........
Rends-le moi par l'amour, par notre âme immortelle !

(*Act.* 5, *sc.* 6.)

Classiques ! critiquez maintenant tout ce que vous voudrez ! Jeunes poëtes, vous qui n'avez pas craint de briser les cordes unissones de la lyre gothique ; vous qui marchez avec le temps, c'est à vous tous que je m'adresse ; chaque siècle a ses besoins et ses hommes de génie, qui affrontent les sarcasmes et les calomnies des esprits restés en arrière, se défendent avec leurs seuls bienfaits; et semblables à la pierre sépulcrale qui couvre la cendre des grands hommes, restent debout quand leur siècle est passé ! Sera-t-il dit, que nous, enfans du dix-neuvième siècle, nous aurons fermé les yeux à la lumière qui nous inondait ? Sera-t-il dit que dans les plus beaux jours de l'indépendance de notre patrie, nos plus nobles plaisirs seront restés dans l'ornière des préjugés ? Non, n'est-il pas vrai ? il n'en sera rien ! Nous renverserons toutes les entraves, et libres comme la voix du ménestrel qui se fait entendre sous les fenêtres de la dame de ses pensées, nous braverons les jaloux, les tuteurs surannés de cette jeunesse ardente, bouillonnante, qui se consume elle-même, parce qu'on lui rend difficile l'aliment de son génie ! Que fait-on avec des règles? des poëmes. Que nous importent des poëmes ? nous ne les comprenons plus ! il nous faut de l'histoire partout, et surtout au théâtre. Que les historiodrames ou romancérodrames ne s'assujétissent donc à d'autres lois qu'à celles de l'imagination : qu'ils soient longs, parce qu'en les faisant courts ce serait rentrer dans les anciennes entraves : que le temps qu'ils

» De Gomez, avouez, | le caractère est beau (1) :

sont censés durer soit le plus étendu possible, parce que le spectateur peut en échange du plaisir fournir un peu de son intelligence ; ensuite, parce que l'histoire ne finit jamais. La morale ne doit pas en être la base principale, car l'histoire n'est pas toute morale. Quant au style, le plus naturel possible, à la portée de tout le monde, que les auteurs ne craignent pas d'être plats. Le dicton le plus populaire est plein d'une vigueur que l'on a pu remarquer dans l'œuvre de M. Victor Hugo, comme dans ce vers-ci, par exemple :

Il s'agit si Hernani, qui demande à tuer le Roi avant de mourir lui-même de la main du duc de Gomez, tiendra sa parole ; c'est Don Gomez qui parle :

Alors comme aujourd'hui te laisseras-tu faire ?...
(*Act.* 3, *sc.* 8.)

En effet le peuple....
(*Note de l'Auteur.*)

C'est cette note qui a coûté la vie à notre jeune ami. Voir notre avant-propos. (*C.*)

(1) Quand on a lu et réfléchi sur ce caractère du Don Carlos, ou Charles-Quint d'Hernani, on sent que l'auteur lui rendait justice, en s'écriant :

Ah ! briguez donc l'empire et voyez la poussière ;
Que fait un empereur ! (*Act.* 4, *sc.* 2.) (*C.*)

(2) On sent que la rime gênait l'auteur ; mais, à ce que l'on prétend, un romantique ne se relit jamais. Il faudrait ici :

Charles-Quint des grands rois me semble le modèle.

Comme nous ne sommes pas poëtes, on nous pardonnera de ne pas faire l'ouvrage de notre ami. (*C.*)

(1) Notre ami suivait dans ses notes une marche qui pouvait lui convenir ; mais qui ne doit pas être la nôtre ; permis à tout écolier

» Il est froid, il est long, | il est lent; le tombeau,
» On le sent, déjà ré | clame en lui un vain spectre :
» De l'hospitalité | c'est bien le digne prêtre !
» Non, Monsieur, je n'ai rien | vu de plus effrayant
» Que la seconde fin... | ... Ah! Dieu, je suis enfant!
» J'allais vous mettre au fait. | —Monsieur, je n'y tiens guère.
» —Mais moi, Monsieur, je tiens | beaucoup à n'en rien faire.
» Je veux vous laisser jou | ir de tout le plaisir
» Que ce beau dénouement | me fait toujours sentir;
» Je n'ajoute qu'un mot. | Donc, en quoi me trompai-je,
» Quand je dis qu'attaquer | cette œuvre est sacrilége ?
» Intérêt, vérité, | cœur, mœurs, j'y trouve tout !
» — Moi, je n'y trouve rien et j'en tiens l'auteur fou.
»—Ah! Monsieur !..—Écoutez, qu'a-t-il écrit ?—Un drame.
» —Qu'entendez-vous par là ?— Vous raillez! sur mon âme!
» — Non pas. — Un drame est la représentation
» D'une histoire où l'on tue. — En quelle intention
» Le drame est-il écrit ! | Eh! pour plaire ! — Sans doute.
» — Intéresser. — D'accord; après ? — Mais voilà toute
» L'intention, je crois. — Instruire ? — Oh! si l'on veut,
» Ce n'est pas de rigueur; cependant on le peut.

de citer les œuvres de son maître ; mais comme M. Victor Hugo n'est pas notre modèle, et que nous craindrions de fatiguer nos lecteurs en lui faisant sans cesse des extraits insipides, et pour nous et pour lui, nous nous contenterons de donner quelques remarques, et de renvoyer, pour juger le talent du chef d'école, à son drame d'Hernani, et pour notre avis particulier à notre conclusion.

(Note du Commentateur.)

Voyez Actes I, II, III, IV, V.

» — On le doit! — Autrefois on le devait, peut-être,
» Mais aujourd'hui, le thé | âtre serait un maître
» Peu cru, on y va trop. | Les fréquentes leçons
» Lassent, vous le savez ; | nos tout petits garçons
» Sont d'ailleurs aujourd'hui | plus forts sur la sagesse,
» Qu'au bon siècle passé | ne l'était la vieillesse.
» J'approuve qu'un auteur, | changeant enfin de but,
» Ne se fatigue plus | à prêcher la vertu !
» Monsieur Victor Hugo, | mon sentiment partage,
» Dona Sol est charmante, | et n'est rien moins que sage (1).

(1) Nous rapportons ici quelques fragmens de la lettre d'un provincial, s'il en est toutefois aujourd'hui.

« Je vous remercie de l'obligeance que vous avez eue de m'envoyer
» le nouveau drame de M. V. Hugo..... Vous le savez, je ne me suis
» jamais arrogé le droit de décider du mérite d'une pièce de théâtre,
» ni d'autres objets de littérature ; mais Hernani ! comment les acteurs
» du Théâtre-Français ont-ils osé le représenter? Est-il vrai que tout
» Paris veuille le voir, et que le bruit que l'on y fait empêche de
» sentir combien ce drame est inférieur à tant d'autres nouveautés
» dédaignées? Je pense que sur aucun théâtre de province, un peu
» habitué à la comédie ou à la tragédie raisonnables, à tout ce que
» vous voudrez enfin, on ne l'écouterait jusqu'au troisième acte
» (ici l'auteur de la lettre s'étend en raisonnemens).... Les vers en sont
» singuliers, si ce sont des vers cependant : et le sujet ! Un homme qui
» jure de se tuer, et qui se tue pour une bagatelle que l'auteur appro-
» fondit à peine....Et voilà la seule morale de la pièce.... Qu'est-ce
» qu'une dona Sol amoureuse d'un bandit, le recevant la nuit sans
» qu'elle daigne nous dire où elle a fait une si jolie connaissance,
» et qui veut que cet homme l'enlève, et qui donne elle-même rendez-
» vous pour cela? Si j'étais lié avec le père d'une jeune personne aussi

» — Passons le but moral, passons les unités,
» Mais le style du moins... — Ah! Monsieur, permettez
» Moi de vous dire un mot | sur les unités même :
» Certainement Racine | écrivait bien, je l'aime
» Surtout quand il parle | d'amour, quoiqu'un peu froid ;
» Mais je le blâme quand | il nous fait une loi
» De l'uniformité... | On prétend qu'Aristote
» Même n'avait jamais, | lui qui souvent radote,
» Parlé des unités ! | Un immense génie (1)
» S'empare d'un sujet, | faut-il qu'il le manie
» Lourdement, lentement? | Non! son œil dévorant
» Embrasse un siècle entier, | le presse en un moment,
» Et veut pour aliment | à sa vaine faconde,
» L'éternité pour temps, | et pour scène le monde!
» — Avec cela, Monsieur, nous pourrions aller loin.
» — Comment?—La vraisemblance!—Il n'en est pas besoin.
» Un grand poète est un Dieu | qui dit au vil vulgaire :
» Je me comprends. Tu dois | admirer et te taire (2)!
» — Ce que vous avancez, Monsieur, me fait plaisir;
» De mon cerveau jamais cela n'eût pu sortir :

» intéressante, je l'engagerais bien fort à la faire renfermer aux Filles-
» Repenties, en dépit du dramatique de son caractère...... Et ce Don
» Carlos?..... C'est en Espagne que l'on choisit le lieu de la scène
» d'une intrigue que Jocrisse aurait rendue impossible chez lui.
» Parisiens, Parisiens, vous écoutez cela?..... »

(1) Voir notre conclusion.

(2) « Il n'ose se flatter que tout le monde ait compris du premier
» coup ce drame dont le romancero général est la véritable clé. »
(*Préface d'Hernani*, P. VI.)

» Mais que me direz-vous pour excuser le style (1)

(1) Nous ne pouvons résister à l'envie de l'examiner ici. Nous choisissons le morceau qui se sent le plus des soins de l'auteur.

« Charlemagne, pardon ! ces voûtes solitaires
» Ne devraient répéter *que paroles* austères.

Que paroles austères pour que *des* paroles austères. Le style marotique n'est toléré que dans les contes badins ; ici c'est une véritable faute de langage.

« Tu t'indignes sans doute, à ce bourdonnement,
» Que *nos ambitions font sur ton* monument.

On dit au figuré : *un essaim d'ambitieux bourdonne ; le bourdonnement de l'ambition* ; mais on ne peut guère dire que *les* ambitions *font* un bourdonnement. Observez aussi, ambitio*ns font* sur *ton* monument : cette expression *monument* mise pour *tombeau* est pour le moins trop recherchée.

« Ah ! c'est un beau spectacle à ravir la pensée,
» Que l'Europe, *ainsi faite* et comme il l'a laissée.

Voltaire n'eût pas passé le premier vers à Corneille, et il aurait certainement dit que dans le second on ne comprend pas facilement qu'*ainsi faite* veuille dire *comme elle* est faite aujourd'hui. Il aurait ajouté ensuite que l'on dit bien dans le style familier : *Mon Dieu comme vous voilà faits !* mais que dans le style noble : *être fait* ne veut pas dire être *dans tel état.*

« *Un édifice*, avec deux hommes au sommet,
» Deux chefs élus auxquels tout roi *né* se soumet.
» Presque tous les états, duchés, fiefs militaires,
» Royaumes, marquisats, tous sont héréditaires ;
» Mais le peuple *a parfois* son pape et son César.
» Tout marche et le hasard corrige le hasard.
» De là vient l'équilibre *et toujours l'ordre éclate.*

Le premier vers contient une ellipse trop forte. *Un édifice* pour :

» De l'œuvre du génie ? — Il est grand et facile,

Car cette Europe est comme un édifice, etc. *Né* est une cheville dans le second vers. L'énumération qui compose les deux vers suivans ne convient pas. De plus, il n'y a rien d'étonnant qu'un *marquisat* soit héréditaire, quand on a dit auparavant qu'un *royaume* l'était. Le cinquième vers n'est pas assez clair, on ne comprend pas assez vite que *souvent un César ou un pape sortirent du milieu du peuple*. Le sixième est fort beau. Le dernier se termine par un hémistiche-cheville intolérable.

« Électeur *de drap d'or*, cardinaux *d'écarlate*,
» Double sénat sacré, dont la terre s'émeut,
» Ne sont là qu'en parade, et Dieu veut ce qu'il veut. »

Le *drap d'or* et *l'écarlate* offensent le bon goût. Le dernier vers fait image.

« Qu'une idée, au besoin des temps, un jour *éclose*,
» Elle grandit, *va*, *court*, se mêle à toute autre,
» *Se fait homme* : saisit les cœurs, *creuse un sillon*.
» Maint roi la foule aux pieds, ou lui met un bâillon ;
» Mais qu'elle entre *un matin* à la diète, au conclave,
» Et tous les rois soudain verront l'idée esclave
» Sur leurs têtes *de rois* que ses pieds courberont,
» Surgir le globe en main, ou la thiare au front. »

Ce n'est plus le personnage qui parle ici, c'est le poète, et le poète se torturant pour produire de l'effet. Une idée ne *va* ni ne *court* : *Se fait homme* est bien recherché. Cela ressemble à du pathos.

Saisit les cœurs, creuse un sillon : Est-ce l'idée qui fait cela ? Si c'est elle, nous répondrons que l'on a dit auparavant *se mêle à toute chose*, et qu'alors ce vers est inutile. Est-ce un homme ? mais un homme *gagne* les cœurs et ne les *saisit* pas, et pour influencer ses semblables, il ne *creuse pas un sillon* dans leurs cœurs. Charles-Quint n'a pas pu dire : *Maint roi*, etc.

3

» Entendez Mars, plutôt, | ou bien encor Firmin.

>> Conservez à chacun son propre caractère.
>> Des siècles, des pays étudiez les mœurs...
>> Souvent sans y penser un écrivain...
>> Forme tous ses héros semblables à soi-même. (*Art poét.*)

L'expression d'*un matin* est une cheville; *de rois* en est une autre non moins intolérable. Nous ferons ici une observation sur l'*éclose* du premier vers. Ce mot fait un mauvais effet : on ne distingue pas du premier coup d'œil si le verbe est au subjonctif ou au participe passé féminin singulier. Cet écueil doit être évité : on ne trouverait peut-être pas dans Racine une négligence pareille; et dans Racine même on aurait droit de la reprendre.

>> « Le pape et l'empereur sont tout. Rien n'est sur terre
>> » Que par eux et pour eux. Un *suprême* mystère
>> » *Vit* en eux, et *le ciel dont ils ont tous les droits*,
>> » Leur fait *un grand festin* des peuples et des rois.
>> » Le monde au-dessous d'eux s'échelonne et se groupe.
>> » Ils font et défont. L'un délie et l'autre coupe.
>> » L'un est la vérité, l'autre est la force. Ils ont
>> » Leur raison est eux-même, et sont parce qu'ils sont
>> » Quand ils sortent, tous deux égaux, du sanctuaire,
>> » L'un dans sa pourpre et l'autre avec son blanc suaire.
>> » L'univers *ébloui* comtemple avec *terreur*
>> » Ces deux moitiés de Dieu, le pape et l'empereur! »

Tout lecteur qui ne voudra pas mentir à son intelligence, à son oreille, conviendra avec nous, de quelque école qu'il prétende être, que ce morceau est d'un mauvais dont on avait eu peu d'exemple depuis Rotrou, c'est-à-dire, depuis que le théâtre est théâtre. Quelle est la pensée de l'auteur? Que l'Europe (et non pas le monde) est partagée entre le pape et l'empereur; que l'un a la puissance spirituelle, l'autre la puissance temporelle, et pour exprimer cette pensée il emploie

» — Ils feraient l'un et l'autre écouter Chapelain.

douze vers ! et comment les remplit-il ? *Un suprême mystère vit dans le pape et l'empereur qui sont tout.....* Un mystère ne vit pas, c'est bien assez qu'il *soit* dans quelqu'un ou quelque chose, qu'il les *voile* si l'on veut ; mais un mystère n'a jamais vécu dans personne. *Le ciel, dont ils ont tous les droits...* Comme cela est bien placé dans la bouche de celui qui vient de donner la notice biographique de l'idée : *Leur fait un grand festin des peuples et des rois.....* Lorsque l'on veut être fort avec des mots, on manque souvent son but. *Le monde au-dessous d'eux s'échelonne et se groupe.....* Ce pauvre monde nous le pensions dévoré. Sérieusement, ce vers pris isolément est très-heureux. *Ils font et défont, l'un délie et l'autre coupe. Ils ont leur raison en eux-mêmes, et sont parce qu'ils sont.* Ce dernier vers est imité de Lamartine, lorsqu'il parle de Dieu ; en effet on ne pouvait pas mieux caractériser la divinité. De *pourpre* à écarlate, la différence peut n'être pas sentie par tout le monde ; entre un *suaire* et un drap d'or on ne saurait se tromper. Reste maintenant à savoir si lorsqu'on est *ébloui* on peut *contempler, et contempler avec terreur.* Des gens qui veulent tout justifier nous feront peut-être observer que Charles-Quint débite ici des réflexions philosophiques, et que la philosophie fait sans cesse des abstractions ; nous répondrons que Charles-Quint ne doit pas, quand on conspire contre lui, quand surtout il peut être à chaque instant surpris par ses ennemis, s'amuser à faire des abstractions, ou bien que s'il tient absolument à en faire, il doit les faire meilleures, plus courtes et plus claires.

» L'empereur ! l'empereur ! être empereur ! ô rage,
» Ne pas l'être et sentir son cœur plein de courage !
» Qu'il fut heureux celui qui dort dans ce tombeau,
» Qu'il fut grand ! de son temps c'était encor plus beau.
» O quel destin ! pourtant cette tombe est la sienne ;
» Tout est-il donc si peu que ce soit là qu'on vienne ?
» Quoi donc avoir été prince, empereur et roi,

» Je doute qu'après eux... — Oh! votre prévoyance

» Avoir été colosse et tout dépassé! quoi!
» Vivant, pour piédestal avoir eu l'Allemagne ;
» Quoi! pour titre César et pour nom Charlemagne.
» Avoir été plus grand qu'Annibal, qu'Attila.
Aussi grand que le monde....., et que tout tienne-là !

Voilà le seul beau vers de la pièce toute entière.

« Ah! briguez donc l'empire et voyez *la poussière*
» *Que fait un empereur!* couvrez la terre entière
» De bruit et de tumulte. Élevez, *bâtissez*
» *Votre empire*, et jamais ne dites : « C'est assez. »
» Si haut que soit le but où votre orgueil aspire,
» Voilà le dernier terme!...

Ceci est une amplification de réthorique : est-elle bonne ? nous ne croyons pas. Cette expression : *Voyez la poussière que fait un empereur*, ne remplit pas le but de l'auteur ; *faire de la poussière* est une expression dont se sert le peuple pour dire : *Être orgueilleux*. La nouvelle école aura beau faire, on ne saurait admettre dans un morceau sérieux des expressions qui ont été, malheureusement pour elles, si justes, que le peuple s'en est emparé et les a appliquées à tant de choses, quelles sont pour ainsi dire devenues des expressions prostituées. On ne *bâtit* pas un *empire*. Du reste, nous le répétons, l'auteur se montre trop et trop mal.

» . . . . Oh! l'empire! l'empire!
» Que m'importe ? J'y touche et le trouve à mon gré.
» Quelque chose me dit : « *Tu l'auras.* » Je l'aurai!
» *Si je l'avais!...*

Est-ce assez long? Cette chûte est-elle assez mauvaise?

« . . . . O ciel! être ce qui commence!

Nous avons compté 69 points d'exclamation dans ce discours de 107 vers, ce qui fait un peu plus d'un vers et demi pour une exclamation. Joignez à cela la facture de ces vers que nous ne faisons pas remarquer parce que nous n'aurions jamais fini.

» Va trop loin; Monsieur, | plus d'immortels en France,

« Seul, debout au plus haut de *la spirale immense!*
» D'une foule d'états l'un sur l'autre *étagés*,
» Être *la clef de voûte*, et voir sous soi rangés,
» Les rois et sur leur tête essuyer ses sandales ;
» Voir au-dessous des rois les maisons féodales,
» Margraves, cardinaux, doges, ducs à fleurons ;
» Puis évêques, abbés, chefs de clans, hauts barons ;
» Puis clercs et soldats ; puis loin du faîte où nous sommes,
» Dans l'ombre tout au fond de l'abîme les hommes.
» Les hommes! *c'est-à-dire* une foule, une mer,
» Un grand bruit; *pleurs et cris :* parfois *un rire amer.*
» Ah! le peuple! océan! *onde sans cesse émue*
» Où l'on ne jette rien sans que tout ne remue!
» *Vague* qui broie un trône et qui *berce un tombeau!*
» *Miroir* où rarement un roi se voit en beau !
» Ah! si l'on regardait parfois dans ce *flot sombre*
» On y verrait au fond des empires sans nombre ;
» Grands vaisseaux naufragés, que son flux et reflux
» Roule, et qui le gênaient, et qu'il ne connaît plus.

Comme les partisans de la nouvelle école ont surtout exalté ce passage, nous allons aussi nous y arrêter plus long-temps que sur les autres.

Nous répéterons d'abord que ce n'est ici qu'une longue amplification, puis nous ferons remarquer que la redondance n'est nulle part dans le discours de Charles-Quint si saillante qu'en cet endroit : *Être ce qui commence : Seul debout au plus haut de la spirale immense.* Cette expression de spirale est heureuse, mais était-il nécessaire de répéter cette idée quand il avait déjà dit :

» Le pape et l'empereur sont tout.
» Le monde au-dessous d'eux s'échelonne et se groupe.

Il ne s'en tient cependant pas à cette seconde image, il lui en faut

» C'est attenter aux droits | de chaque citoyen,

jusqu'à trois. *D'une foule d'états, l'un sur l'autre étagés, Être la c de voûte.* Chacune de ces expressions peut avoir son mérite ; mais un telle abondance est une véritable pauvreté. Après cela, viennent quatr vers qui ne contiennent qu'une nomenclature ennuyeuse. Passons au hommes maintenant, ou au peuple. Qu'est-ce le peuple ? *Une foule une mer, un grand bruit, un océan, une onde sans cesse émue, un vague, un miroir*, enfin en dernière analyse c'est *un flot sombre*. E tout cela dans sept vers ! Peut-être chacune de ces expressions est-ell si bien à sa place, que l'on ne s'aperçoive pas qu'elle est de trop ? Voyons : *Les hommes ! c'est-à-dire une foule, une mer.* Je ne puis laisser passer ce *c'est-à-dire. Un grand bruit;* jusqu'ici on peut à toute force dire que la gradation existe. *Pleurs et cris : parfois un rire amer :* avec quoi cela se lie-t-il ? Est-ce avec *une foule*, c'est bien, avec *un grand bruit*, cela peut être, quoique alors ce fût une espèce de redondance ; autrement ce ne serait pas avec *une mer* : mais *foule* est trop loin pour que ce soit à ce mot que l'on rattache les idées *pleurs, cris, sourire*, en les y faisant rapporter, elles seraient encore un défaut ; qu'en ferons-nous donc ? Nous dirons qu'elles sont inutiles. *Océan, onde sans cesse*, etc. Ici plus de gradations. Les vers heureux : *Où l'on ne jette rien sans que tout ne remue*, ne suffit pas pour justifier les précédentes fautes et les suivantes : *Vague qui broie un trône et qui berce un tombeau.* On conviendra que c'est encore plus faible que ce qui précède ; quelqu'un se fait-il une idée *d'une vague qui berce un tombeau ? Miroir où rarement un roi se voit en beau !* Comment passer d'une *vague qui broie un trône* à un *miroir*, et de ce dernier à un *flot sombre ?* Voici enfin les fameux vers. Ici la critique se tait. Les trois derniers vers sont passables, surtout ces deux-ci :

> Grands vaisseaux naufragés, que son flux et reflux
> Roule, et qui le gênaient et qu'il ne connaît plus.

Cet enjambement est même beau.

» Que de lui dire : « Ami, | célèbre-moi ! souvien
» Toi que je suis tel, qui | fit telle ou telle chose.
» La gloire n'est qu'un mot, | et quand la bouche close,
» Les yeux fermés et le | corps dégoûtant de maux,
» La tombe nous reçoit, | nous sommes tous égaux.

> » Gouverner tout cela ! monter, si l'on vous nomme
> » A ce faîte ! y monter, sachant qu'on n'est qu'un homme.
> » A voir l'abîme là ! Malheureux ! qu'ai-je en moi ?
> » Être empereur ! j'avais déjà trop d'être roi.

Ce : *Si l'on vous nomme*, sépare trop, *monter* de son complément *à ce faîte*.

> » Certes, il n'est qu'un mortel de race peu commune,
> » Dont puisse s'élargir l'âme avec la fortune.

L'âme s'élève, s'agrandit ; mais nous trouvons que dire que l'âme *s'élargit*, n'est pas une innovation fort heureuse.

Nous nous arrêtons, un pareil travail est loin d'être agréable. Nous ne l'avons pas entrepris pour en conclure que M. Victor Hugo ne puisse rien faire de bon ; mais pour prouver que souvent à la représentation on se laisse séduire par des choses qu'ensuite l'on ne peut lire.

Nous ne prétendons pas à l'infaillibilité ; mais si nous avons eu raison dix fois dans vingt observations, nous pensons que c'est encore beaucoup trop pour que le morceau soit bon.

Que d'autres personnes relèvent maintenant le *face à face des deux majestés*. Le N'EST-CE PAS ? *Ombre auguste empereur d'Allemagne*. Le présent de l'indicatif *s'il s'éveille*. Entre deux passés imparfaits, *s'il allait me parler*, S'IL S'ÉVEILLE, *s'il était là*. Nous en avons assez, nous n'irons pas plus loin.

» Avez-vous d'Hermani | lu, Monsieur, la préface ?
» —Oh! ma foi non. —Non? tant | pis! faites-moi la grâ
» De la lire. — Pourquoi ? — Vous en serez content.
» Vous comprendrez alors | d'où vient notre engouemen
» — Expliquez-vous! — Vous y verrez qu'un romantique (
» Doit être libéral.... | de même qu'un classique
» Est nécessairement | ultra. — Pourquoi donc ça ?
» — Corneille était ultra, | Voltaire était ultra,
» Molière aussi, Parny, | Chénier et La Fontaine!
» — Peste, vous m'étonnez ! | — Si vous prenez la peine
» De voir cette préface, | alors vous sentirez
» La vérité du fait, | et me remercierez. »
Un cercle, autour de nous, | attentif auditoire,
Ja m'élogiait de | ma facile victoire,
Quand détournant sur moi | un œil presqu'ennemi,
Le vieillard me regarde | et me dit : « Mon ami,
» Vous êtes jeune encor, relisez nos modèles,
» Et ne les blâmez si, peintres trop fidèles,
» Ils ont mêlé parfois à leurs franches couleurs,
» Ignorant l'avenir, la teinte de leurs mœurs ;
» Surtout ne dites pas que la littérature
» Libre de tous liens et changeant de nature,
» Doit, sans guide, au hasard, ouverte à tout venant,
» Être le bien des sots et l'écueil du talent :
» Tout aussi bien que vous j'aime notre patrie,
» Pour défendre nos droits je donnerais ma vie;
» Mais que sur un théâtre, insensé novateur,

(1) Voir notre conclusion.

» Poète sans raison, plus imprudent auteur,
» Un homme m'étourdisse avec des phrases vides,
» Des vers hachés, tronqués, des sentences arides,
» Et vienne m'ordonner de le trouver divin.
» Ou me traite aussitôt de mauvais citoyen !...
» C'est par trop fort, Monsieur, qu'ont de commun les rimes
» Avec nos libertés ? Quelles sont les victimes
» Que leurs paisibles lois s'immolèrent jadis ?
» Les plaisirs de l'esprit sont de tous les partis.
» Morbleu ! j'en dirais trop si je voulais tout dire.
» Sa prose me courrouce et ses vers me font rire. »
Aussitôt il s'éloigne, | et mes voisins surpris
De sa verve, ainsi que | moi restent étourdis.
Cher Hugo ! cher Hugo ! | Ah ! le génie en France
Sera toujours méco | nnu ! Bonne espérance,
Notre jeunesse est pa | tiente, dis-tu, oui !
Elle l'est et très-fort : | Jà je me réjoui
Pensant qu'un jour sur cet | te trop gothique terre,
Classique, nous pourrons | après si rude guerre
Mettre un nouvel engrais, | et joyeux moissonner
Nos lauriers, et nous-mêmes | enfin nous couronner !
Que si nous échouions, | tu échouais toi-même ;
Console-toi, Hugo ! | Dans ton talent suprême !
Ta lumière du moins | dans ton siècle aura lui ;
Que t'importe après si | ce ne fut pas pour lui !
La mort, la douce mort, | cette épouse immanquable,
Emportera toujours | dans la tombe équitable,
Tes vers vierges, ta gloire, | Hernani et ton nom,
Et les Français, après | feront ce qu'il pourront ! ! !

COURTE CONCLUSION.

Qu'il nous soit permis de protester que nous ne sommes pas de l'avis de M. Brivallès, quand il conclut de la préface d'Hermani, *que tout romantique doit être libéral et tout classique ultra*. M. V. Hugo a fait une mauvaise pièce, et ce malheur lui est commun avec plus d'un grand poète : mais de ce qu'il ait violé à dessein, si l'on veut, des lois respectées par nos grands maîtres il ne s'en suit pas qu'il ait pu se méprendre, au point de ne faire qu'une seule et même chose des opinions politiques et des opinions littéraires : le poète peut errer, sans que l'homme social cesse d'être recommandable.

Nous ne publions cette méchante épître que parce qu'il nous a semblé piquant, pour faire sentir le ridicule de la nouvelle école, de nous servir de l'œuvre d'un de ses partisans. Nous ne le faisons pas dans un esprit de coterie auquel nous sommes totalement étrangers : nous aimons la littérature, le théâtre est notre plus agréable délassement, nous n'y allons point applaudir l'homme mais l'auteur, nous voulons que l'on nous y fasse penser, en un mot, nous allons y prêter notre âme au poète pour qu'il la remplisse de bonnes et belles choses. Loin de nous cet esprit systématique qui ne voit la perfection que dans ce qu'il a résolu d'approuver. Corneille, Molière, Racine, Voltaire ont innové : les hommes de génie se créent une manière qui leur appartient, la médiocrité ne fait que ramper sur leurs traces. Mais que sous prétexte de nous *doter* d'une nouvelle littératture on renverse des lois, réflexions de trente siècles; des lois qui ne sont que la raison et la connaissance du cœur humain, nous ne pouvons nous en imposer à nous-mêmes et nous condamnons.

M. Brivallés dans sa dernière note, adresse aux partisans de la nouvelle école une espèce de philippique contre ce qu'il nomme le *classique;* nous avouons que nous ne saurons ce que signifient *classique* et *romantique* que lorsque l'on nous aura donné définitions intelligibles. Jusqu'alors nous ne reconnaîtrons que le vrai et le faux : il n'est qu'une manière d'imiter la nature. Ce serait ici le lieu de citer un passage d'un livre qui devrait être entre les mains de tout poète, de tout littérateur, de tout philosophe; mais on le lira avec plus de fruit dans le corps même de l'ouvrage (1).

Nous adresserons cependant quelques observations à ces Messieurs s'intitulant les romantiques.

L'art des décors et de la mise en scène n'a jamais été poussé si loin que de nos jours ; les théâtres sont mieux construits, le public n'y gêne plus la représentation : usez de tous ces avantages ; parlez à la fois à nos yeux et à notre esprit ; mais pour satisfaire les premiers, ne vous exposez pas aux reproches de notre raison. Qu'au milieu d'un péristile désert chaque personnage ne vienne pas nouer et dénouer une intrigue : faites-nous passer d'un palais sur une place, de cette place dans un autre édifice ; étendez cette liberté jusqu'à l'enceinte d'une ville, mais n'allez pas dans l'intervalle d'un entr'acte me faire voyager de Saragosse à Aix-la-Chapelle, et puis encore à Saragosse.

Un long temps écoulé entre deux actes nécessite des récits, souvent de nouveaux personnages, conséquemment de nouveaux caractères. Les récits préparatoires ennuient, la multiplicité des personnages fatigue, et dès-lors votre but est manqué. Quant à l'unité d'action, réfléchissez, observez, et vous ne

(1) De l'imitation dans les arts, page 79 et suiv., par M. Quatremère de Quincy.

la violerez jamais. Vous trouvez des défauts à notre versification, ou pour mieux dire, vous pensez que ses anciennes formes ne conviennent plus au caractère actuel : le talent remédie à tout, mais je vous défie d'être, quelque langage que vous employiez, plus libéraux que Corneille, plus philosophes que Voltaire, et ces messieurs sont classiques l'un et l'autre. Le véritable style n'est pas une chose de convention : chacun de nous voit les objets sous un point de vue qui lui est propre, et par conséquent les peint d'une manière différente; mais il faut choisir des formes, qui bien qu'originales, se rapprochent de celles qu'emploient tout le monde; un fou a son style aussi : qui s'aviserait de le prendre pour modèle?

Si quelquefois le vers a gêné l'expression, la faute en a été au poète autant qu'au vers lui-même : s'il est difficile de faire accorder la rime et la raison, on ne doit malgré tout sacrifier ni l'une ni l'autre, encore moins la dernière; lisez Boileau : vous le trouvez froid? Lisez Racine : il sent le travail? Eh de grâce, Messieurs, soyez froids et travaillés, surtout soyez vrais et beaux comme ces deux poètes, et personne ne se plaindra plus!

www.ingramcontent.com/pod-product-compliance
Lightning Source LLC
Chambersburg PA
CBHW060457050426
42451CB00009B/700